BEI GRIN MACHT SICH IHR WISSEN BEZAHLT

- Wir veröffentlichen Ihre Hausarbeit,
  Bachelor- und Masterarbeit

- Ihr eigenes eBook und Buch -
  weltweit in allen wichtigen Shops

- Verdienen Sie an jedem Verkauf

Jetzt bei www.GRIN.com hochladen und kostenlos publizieren

Christopher Bengner

Alfred Andersch "Der Vater eines Mörders" - eine Analyse

GRIN Verlag

Bibliografische Information der Deutschen Nationalbibliothek:

Die Deutsche Bibliothek verzeichnet diese Publikation in der Deutschen National-
bibliografie; detaillierte bibliografische Daten sind im Internet über http://dnb.d-
nb.de/ abrufbar.

Impressum:

Copyright © 2004 GRIN Verlag, Open Publishing GmbH
Druck und Bindung: Books on Demand GmbH, Norderstedt Germany
ISBN: 978-3-640-89203-7

Dieses Buch bei GRIN:

http://www.grin.com/de/e-book/170376/alfred-andersch-der-vater-eines-moerders-
eine-analyse

GRIN - Your knowledge has value

Der GRIN Verlag publiziert seit 1998 wissenschaftliche Arbeiten von Studenten, Hochschullehrern und anderen Akademikern als eBook und gedrucktes Buch. Die Verlagswebsite www.grin.com ist die ideale Plattform zur Veröffentlichung von Hausarbeiten, Abschlussarbeiten, wissenschaftlichen Aufsätzen, Dissertationen und Fachbüchern.

Besuchen Sie uns im Internet:

http://www.grin.com/

http://www.facebook.com/grincom

http://www.twitter.com/grin_com

Eine Ausarbeitung von

Alfred Andersch „Der Vater eines Mörders"

Christopher Bengner

Oktober 2004

Inhalt

1. Biographie von Alfred Andersch

Alfred (Helmut) Andersch (4.Februar 1914 in München ; † 21. Februar 1980 in Berzona bei Locamo),deutscher Schriftsteller, Herausgeber und Rundfunkredakteur.

Alfred Andersch besuchte bis 1924 die Volksschule in München-Neuhausen und wechselte nach erfolgreichem Abschluss zum Wittelsbacher Gymnasium. Auf Grund schlechter Noten wurde er vom Direktor Gebhard Himmler, Vater des SS-Führers Heinrich Himmler, der Schule verwiesen und begann eine Buchhändlerlehre. Nach Beendigung seiner Lehre, trat er 1930 der kommunistischen Jungendpartei (KJV) bei, löste sich später jedoch wieder von ihr. 1933 wurden seine Bücher beschlagnahmt und Alfred Andersch wurde wegen seiner politischen Haltung sechs Monate ins Konzentrationslager Dachau geschickt. Nach diesem Aufenthalt folgte dann eine depressive Phase mit einer innerlichen Auseinandersetzung. Er schaffte es zwar noch zur seiner ersten Beschäftigung mit der Kunst zu kommen, deren Vertiefung aber der 2. Weltkrieg verhinderte. 1940 wurde Alfred Andersch als Bausoldat zur Wehrmacht eingezogen und konnte erst am 6. Juni 1944 in Italien als Obergrenadier desertieren. Er kam als Kriegsgefangener nach Louisiana in die USA und wurde Redakteur der Kriegsgefangenenzeitschrift „Der Ruf". Zurückgekehrt nach Darmstadt 1945 zog er nach München wo er als Redaktionsassistent für Erich Kästners „Neue Zeitung" tätig war. In der Folgezeit zog er nach Frankfurt und arbeitete unter anderen mit der Gruppe 47 zusammen. Er war Gründer der „Abendstudios" im Sender Frankfurt und erstellte eine der ersten Projekte in der Art des „3. Programms".
1948 erschien der Essay Deutsche Literatur, der eine entscheidende Bedeutung bei der moralisch-geistigen Wandlung der Deutschen hatte. Er wurde Herausgeber der Zeitschrift „Texte und Zeichen" und war bis 1958 für verschiedene Radio-Kulturprogramme verantwortlich. 1950 heiratete er Gisela Groneuer, die ihm im selbem Jahr eine Tochter gebar. Im Jahr 1954 erschien der autobiographische Bericht „Die Kirschen der Freiheit", in dem Andersch die Erfahrung der eigenen Desertion aufgreift. In ähnlicher Auseinandersetzung wurde 1957 „Sansibar oder der letzte Grund" veröffentlicht. Ab 1958 lebte Alfred Andersch in Berzona in der Schweiz, deren Staatsbürgerschaft er 1972

3

erhielt. Es folgt 1960 der Roman „Die Rote", der von Erich Kästner 2 Jahre später
verfilmt wird, 1967 der Roman „Efraim", für den er einen Nelly-Sachs-Preis erhielt und
dann 1974 der Roman „Winterspelt", der das gleiche Problem wie bei Sansibar und
Kirschen der Freiheit darstellt. 1977 folgen seine Gedichtssammlungen unter dem Titel
„empört euch der Himmel ist blau". Alfred Andersch verstarb am 21. Februar 1980 in
Berzona im Tessin. Die zuvor noch vollendete Erzählung „Der Vater eines Mörders"
wurde noch im selben Jahr veröffentlicht und später 1988 verfilmt.

2. Inhaltsangabe

In der autobiographischen Erzählung „Der Vater eines Mörders" von Alfred (Helmut)
Andersch erlebt der junge Franz Kien eine schicksalhafte Griechischstunde.
Die Erzählung spielt im Jahr 1928 in München während eines Schulunterrichtes des
Wittelsbacher Gymnasium. Unter den Schülern befindet sich der scharfsichtige Franz
Kien dessen Vater ein verdienter Kriegsveteran ist und sich das Schulgeld für den
Schulbesuch seines Sohnes nicht mehr leisten kann. Aus diesem Grund „platzt" der
Oberstudiendirektor Gebhard Himmler, Vater des SS-Führers Heinrich Himmler, in die
Griechischstunde der Untertia des Gymnasiums um den überraschten Franz Kien in
Griechisch zu prüfen. Den Unterricht hält der junge unerfahrene Studienrat Dr.
Kandlbinder. Um es nicht all zu auffällig zu machen, wird Kien erst als dritte Person von
Himmler an die Tafel gebeten. Die Abfrage gerät für ihn zur totalen Katastrophe da er nie
etwas für Griechisch gelernt hat.
Daraufhin wird er vom Direktor verspottet und schlussendlich von der Schule verwiesen.
Franz beichtet dies seinem schwerkranken Vater der dies sehr gelassen aufnimmt und
sogar dabei einschläft.

4

3.1. Charakterisierungen

Gebhard Himmler:

Direktor Himmler wird als ein trickreicher Schauspieler und Poseur, der sich geschickt in Szene setzten kann, dargestellt. Er ist gebildet und erscheint den Schülern gekleidet in einem hellen Anzug mit glänzend blauer Krawatte und einer dünn goldumrandeten Brille. Dieses Erscheinungsbild gibt ihm den Ausdruck eines Schultyrannen. Einer autoriaten Person. Er ist bereits unter den Schülern als „Karriere-macher" und als nationaler Mann der bayrischen Volkspartei bekannt. Doch die Macht des autoritären Stils trügt seinen Charakter. Es ist nur eine Fassade seines schwarzen Gemüts. Hinter seiner Freundlichkeit lauert ein gefährlicher und ungemütlicher Mensch. Ein Inszenator der eine ausgeklügelte Rollenbeherrschung hat, geduldig und gleichmütig wartet und dann tückisch und hinterhältig auf die Blöße seines Gegners lauert.

„Rex", wie er gefürchtet von den Schülern genannt wird, demonstriert seine Macht über „seine" Klasse (S. 17,S. 67) in dem er seinen Klassenlehrer Dr. Kandlbinder als Lehrstück benutzt und dadurch den blinden gehorsam seiner klasse geradezu erzwingt. Doch die Autorität des „Herrschers der Schule" (S. 27) bleibt nur bis es zu einem Machtkampf zwischen ihm und dem Schüler Konrad von Greiff kommt. Als er sich auf die Argumente von Greiff einlässt und offensichtlich den Kürzeren zieht, flüchtet er sich in die amtsgegebene Autorität. Er zeigt seine schwache Persönlichkeit, indem er bewusst danach einen leistungsschwachen Schüler nimmt wo er von ihm keinen Widerstand befürchten muss(S. 75-S. 84) und so einen mühelosen Sieg mit der Demütigung des unterlegenden krönt(S. 103, S. 116). Auf die Reaktionen des Lehrers Kandlbinder reagiert er „konziliant"(S. 29) und ungeduldig- abwehrend(S. 85).Doch beim dritten mal als sein Kollege ihm sein Wissen anzweifelt verliert er kurz seine Selbstbeherrschung und fordert den Lehrer zum Schweigen auf(S. 105).

Für Rex werden die Schüler zu gehorsamen und schweigenden Untertanen erzogen. Dies wird deutlich durch das stumme Einverständnis der Schüler(S. 20) und des ängstlichen sich- ducken(S. 36) der Schüler. Rex mag das System der totalen Autorität wobei er sich der Bewunderung der Überlegenheit erfreut. Die Schüler sollen sein Spiegelbild sein, so das es nicht verwunderlich ist das er den „von" Greiff nicht sonderlich schätzt. Er verweist ihn von der Schule. Für ihn ist die Erwähnung Sokrates ein Instrument um die Ordnung der Schule/Klasse bewahren. Er findet das die vereinfachten Regeln „richtig, weil einfach" und das „eintrichtern"(S. 105,S. 107) den Schülern es zum Erfolg hilft. Seine Überzeugung bestätigt sich durch den Schüler Kien, der zwar nicht schlau ist aber nach mehrmaligem falschen Aufgaben es schafft etwas zu verstehen und zu behalten. Durch seine Aufregungen über den dummen Schüler Kien verliert Himmler die Autorität zum wiederholten Mal, wobei er mit persönlichen Fakten über seinen Schüler die Situation verschlimmert (S. 116, S. 120). Für Himmler ist die Stunde am Ende nichts anderes als eine Demaskierung seiner selbst.

Franz Kien:

Franz Kien ist ein eher ruhiger Schüler, der kaum in der Klasse auffällt. Dadurch gelang es ihm auch seine Faulheit und sein Desinteresse am Unterrichtsgeschehen zu verbergen und sich erfolgreich durchzumogeln, wie zum Beispiel im Geschichtsunterricht. Wo er sich langweilt, da er „keine Lust" hat, „die Jahreszahlen von Schlachten auswendig zu lernen" (S. 53). In den Fächern Latein, Griechisch und Mathematik ist er wegen dieser Faulheit sehr gefährdet und wird vermutlich das Klassenziel nicht erreichen. Er hat keinen engen Freund, er „hat unter seinen Klassenkameraden überhaupt keinen Intimus" (S. 18), aber er hat ein recht gutes Verhältnis zu Werner Schröter, den er aufgrund seiner Begabung bewundert und mit dem er Violinstunden in der Schule nimmt. Zudem versteht er sich gut mit Aletter, mit dem er in der Pause über Politik reden kann, was wiederum zeigt, dass er schon ziemlich reif für sein Alter ist. Dazu kommt seine ausgeprägte Neigung zum Nachdenken und Sinnieren, zahlreiche Gedankensprünge und Verknüpfungen lassen ihn verträumt und oft abwesend erscheinen. Hierbei zeigt er allerdings ein recht sicheres Gespür seine Mitmenschen einzuschätzen, auch den Rex durchschaut er verhältnismäßig schnell. Überdies ist er nicht sehr selbstbewusst und beneidet Konrad von Greiff um diese Eigenschaft, denn er denkt sich was er dem Rex während der Ausfrage an Contra hätte geben können, was er aber nicht getan hat, da er „leider nicht der Konrad Greiff ist" (S. 114).

Konrad von Greiff:

Konrad von Greiff ist einer der besten Schüler in der Klasse, doch er besitzt auch seine schlechten Seiten. Für sein Alter ist Konrad „besonders groß" (S. 37) und schlaksig, was man auch daran erkennt, dass er nicht zwischen seinem Pult und seinem Stuhl stehen kann, da er „schiefschultrig" (S. 30) aufstehen muss. Sein Adelstitel „von" bedeutet ihm sehr viel und er ist ziemlich stolz auf seine Herkunft, was er gegenüber seinen Lehrern sehr provozierend verwendet. Er bestand sogar wenige Wochen vor dem Unterrichts-Besuch des Direktors „hochfahrend, kalt und unverschämt" (S. 38) auf die korrekte Anrede mit dem Adelstitel. Arrogant ist er allerdings nur seinen Lehrern gegenüber, in der Klasse verhält er sich in dieser Hinsicht zurückhaltender, denn seine Mitschüler sind der Meinung, dass er ihnen „den Buckel runterrutschen könne mit seinem ‚von'... " (S. 39), sie sagen Greiff oder Konrad zu ihm „und er lässt es sich ohne weiteres gefallen...." (S. 39). Die Tatsache, dass er ein guter Schüler ist und eine adelige Herkunft hat lassen ihn äußerst selbstbewusst den anderen gegenüber auftreten. Er kennt auch gegenüber dem Direktor Himmler und dem Studienrat Kandlbinder keinen Respekt.

Dr. Kandlbinder:

Studienrat und Klassenlehrer Doktor Kandlbinder ist ein junger, magerer und blasser Mensch, der trotz seiner ein Meter und siebzig unbedeutend wirkt und seine schwarzen Haare oft ungekämmt trägt (S. 6). Die Schüler schätzen ihn als Lehrer, da er fair ist (S. 7, S. 15) „...dass er keinen Liebling hat und keinen, den er nicht leiden kann,...", doch sie halten nichts von ihm, weil er laut Franz Kien ein Langweiler ist und zum Beispiel wenn es um Konrad von Greiff geht leicht aus der Fassung gerät (S. 15). Der Lehrer bringt dem Rex sehr viel Respekt entgegen (S. 6) „...dessen Versuch, sich zu verbeugen...", doch in seiner Schüchternheit sehr ängstlich wirkt (S. 6), „Der perplexe Kandlbinder, - er machte ein Gesicht, als murmle er ein Gott steh´ mir bei! ....". Im Laufe der Erzählung fasst Kandlbinder Mut und widerspricht dem Rex später sogar (S. 31) „... er widersprach einem Vorgesetzten: „Aber Herr Direktor", wodurch ein kleiner Konkurrenzkampf zwischen den beiden entsteht.

Werner Schröter:

Werner Schröter ist der Klassenbeste, der etwa normalgroß für sein Alter ist. Allerdings scheint er auch etwas fest gebaut zu sein, denn er ist „nicht groß, aber auch nicht klein, nicht stämmig, doch fest gebaut" (S. 31). Er ist ein eher dunkler Typ, da er glatte schwarze Haare und schwarze dichte Augenbrauen hat. Zudem hat er dunkelblaue Augen und einen sicheren geraden Mund, den er aber nicht viel zum Sprechen verwendet, außer wenn einer seiner Mitschüler nicht weiterweiß, dann gibt er ihm nützliche Hinweise auf dem Weg zur Lösung eines Problems. Er fällt auch durch seine Ordnung auf, denn es war „für ihn selbstverständlich ausgeschlossen, eine Tafel zu benützen, die von dem Schüler, der Tafeldienst gehabt hatte, bloß mit dem trocken Schwamm oder dem Lappen abgewischt worden war ..." (S. 26). Darüber hinaus ist er sehr intelligent, denn er hat keine Schwierigkeiten in der Schule, zählt aber trotzdem nicht zu den Strebern, was ihm bei seinen Mitschülern viel Sympathie einbringt. Franz Kien denkt über ihn, dass er „ein prima Kerl ist, überhaupt kein Streber, sondern bloß einfach einer, der alles kann, der gar nichts dafür kann, dass er alles kann." (S. 30) Er ist auch sehr höflich gegenüber anderen Menschen, vor allem gegenüber Höhergestellten wie dem Schulleiter oder dem Herrn Kandlbinder. „höflich, ruhig die komplizierten Aufgaben erwartend..." (S. 30), verhält er sich während der Befragung. Alles in allem ist er wohl der Musterschüler, den sich jeder Lehrer nur wünschen kann, einer der alles kann und trotzdem nicht überheblich wird, sondern seinen Mitschülern auch mal weiterhilft.

3.2. Aufbau und Erzählweise

Die Schulstunde wird in drei ebenen erzählt:
- die Ebene des Erzählers (von Andersch „Schriftsteller" genannt)
- die Ebene Kiens

- die Ebene der Schulklasse

Die erzählte Schulstunde wird in zwei Blöcke geteilt:

Erster Block:
- die Schulstunde bis zum Ende der Auseinandersetzung bzw. Rex und Greiff
- eine Rückblende Kiens auf zurückliegende Ereignisse

Zweiter Block:
- weiterer Verlauf der Unterrichtsstunde
- die Prüfung Kiens an der Tafel
- eine Vorausblende Kiens, Unterredung mit dem Vater

Die Spannung steigert sich zu zwei Spitzen:
- Kiens zurückschweifende Reflexion
- Das Urteil des Rektors über das tragen politischer Abzeichen

Diese Verdoppelung der Katastrophe hat die Funktion den Leser in Sicherheit zu wiegen, bis Gebhard Himmler genau als Kien sich gerettet fühlt, zugreift.

3.3. Historisch-Gesellschaftlicher Hintergrund

Die Geschichte spielt im Mai 1928 in der Weimarer Republik. Das Land befindet sich in einem Politischen Umbruch. Es gibt zu dieser Zeit mehrere extreme Parteien die um die Macht in Deutschland kämpfen. Einer dieser Parteien ist die rechtsextreme NSDAP, die rasant an Mitgliedern und dadurch an Macht gewinnt. Der I. Weltkrieg liegt gerade mal 10 Jahre zurück und somit gibt es zu dieser Zeit viele Kriegsveteranen. Es herrscht überwiegend eine depressive Stimmung im Lande, welche durch die stetige Verarmung der Bevölkerung hervorgerufen wird.

3.4. Problematik und eigene Stellungnahme

Hervorzuheben ist, dass die Handlung des gesamten Buchs sich nur innerhalb einer einzigen Griechischstunde abspielt. Und dennoch ist es spannend und locker bis zum Schluss zu lesen. Ich finde sehr interessant, dass hier Gebhard Himmler, der Vater des berüchtigten „Gründers" der SS, des neben Hitler wohl größten verantwortlichen Judenvernichters, aus einer objektiven Sicht, nämlich der eines 14jährigen Jungen im Jahre 1928, dargestellt wird. Hierbei wird deutlich, dass vom Vater nicht direkt auf die Persönlichkeit und das Fehlverhalten seines Sohnes geschlossen werden kann. Die politischen Ansichten des Vaters decken sich nicht mit denen des Sohnes. „Der junge Himmler ist schwer in Ordnung, hatte Vater erzählt. Ein ausgezeichneter junger Mann, ein Hitler-Anhänger",,er ist mit seinem Vater tödlich verfeindet, der alte Himmler ist nämlich Bayerische Volkspartei, schwarz bis auf die Knochen" „der junge Himmler würde sich niemals mit Juden, Jesuiten und Freimaurern an einen Tisch setzen".

Das Hakenkreuz jedenfalls war Gebhard Himmler ein Gräuel, gegen dieses ging er ebenso entschieden vor wie z.B. gegen Embleme der kommunistischen Sowjetunion: „Daß man immer alles wiederholen muß! – keine politischen Abzeichen!"

Aber es tritt auch zum Vorschein, wie die Erziehungslage und die politischen Ansichten in der damaligen Zeit waren. So sagt Himmler: „Hoffentlich werdet Ihr alle noch dienen müssen" „hoffentlich ist das Reich bald wieder stark genug". Der 14jährige Schüler teilt mit, dass seine Eltern „genauso deutschnational wie fast alle anderen Eltern" und dass Juden wenig geschätzt seien. Sein Vater sagte hierzu: „Ja, ja, es gibt ein paar anständige Juden, trotzdem, nimm dich auch vor ihnen in Acht!" Interessant finde ich es auch, das man mit diesen kleinen Hinweisen auf die Zukunft Rückschließen kann.

4. Anmerkungen

"Der Vater eines Mörders" ist eine herausfordernd authentische Erzählung einer Schulgeschichte, die den Lesern noch immer etwas über sich selbst sagt. Weil sie etwas darüber sagt, wie es zu Hitler und Himmler kommen konnte.

Heinrich Vormweg

Ein raffiniert gesteigertes Miniaturdrama auf engstem Raum und in kürzester Zeit, wird zur beispielhaften Erzählung der autoritären Machtentfaltung und -ausübung eines "großen Schulmannes".

Wolfram Schütte

Ein äußerst konzentriertes, kunstvolles, fesselndes Prosa-Meisterstück.

Hanjo Kesting

Ein meisterhafter Text, ein konzentriertes, dramatisches, spannendes Prosastück.

Joachim Kaiser

Für Himmler ist die Stunde am Ende nichts anderes als eine Demaskierung seiner selbst.

J. J. Scholz

Es herrscht überwiegend eine depressive Stimmung im Lande, welche durch die stetige Verarmung der Bevölkerung hervorgerufen wird. Dies spiegelt sich wunderbar in der Erzählung wieder.

C. Bengner

5. Literaturverzeichnis

Alfred Andersch „Der Vater eines Mörders"
ISBN: 3-257-20498-1

Interpretation. Alfred Andersch: Der Vater eines Mörders von Gunter E. Grimm
ISBN: 3-15-950041-1

http://www.diogenes.ch

http://home.conceptsfa.nl/~rboer/Middelbare_school/Duits/Der_Vater_eines_Morders/de
r_vater_eines_morders.html

http://www.ndrkultur.de/ndrkultur_pages_std/0,2513,OID205314,00.html

http://literatura.kvalitne.cz/8b.htm

http://www.museenkoeln.de/ns-dok/ns-
doku/t08/jugendbuecher/buecher.asp?a=a&pos=5&s1=

http://www.zum.de/Faecher/D/BW/gym/andersch.htm

http://www.abipur.de

http://home.conceptsfa.nl/~rboer/Middelbare_school/Duits/Der_Vater_eines_Morders/de
r_vater_eines_morders.html

http://www.dhm.de/lemo/html/biografien/AnderschAlfred/